Table des matières

INTRODUCTION

Vous souvenez-vous du jeu téléphone ? Vous transmettriez un message à une ligne d'enfants en chuchotant à la personne à côté de vous, et à la fin, le message serait complètement différent de suis le début. Si c'est ainsi que vos projets se sentent au travail, vous voudrez peut-être envisager d'utiliser Basecamp. Basecamp est une gestion du travail et une collaboration qui vous aide à organiser des projets et des communications. Ses avantages sont clairs : il vous permet, vous et votre travail, d'être organisés, en indiquant clairement quelles tâches sont dues et en rassemblant toutes les informations. vous devez les exécuter ; il rassemble tout le monde dans votre équipe et presque tous au même endroit, ce qui vous permet de communiquer plus efficacement en un seul cours ; et cela vous permet de garder le contrôle sur les projets tout en partageant facilement des informations spécifiques et en les livrant avec les clients . Si vous ne faites que commencer avec l'outil, ce guide du débutant vous aidera à passer plus de temps à faire des choses et moins de temps Nous essayons de trier les hausses en mouvement. Continuez à lire pour en savoir plus sur le camp de base.

CHAPITRE UN

Qu'est-ce que la collaboration à distance ?

La collaboration à distance élimine la capacité de sonner efficacement et de s'engager en équipe de n'importe où dans le monde. Les travailleurs peuvent vraiment être n'importe où ils veulent depuis la nécessité de travailler en tant que collègues dans le même espace physique ou le bureau ne le fera pas s'appliquer à eux. La collaboration à distance utilise les outils collaboratifs ainsi que de nombreuses pratiques pour unir les travailleurs/équipes séparés par des milliers de miles. Il existe de nombreuses catégories différentes d'outils et de manières dans lesquelles le travail à distance peut être réalisé. Selon un rapport de Clutch, les deux tiers des travailleurs à distance travaillent au moins une partie de la semaine. Les moyens de communication utilisés dans la collaboration à distance peuvent totalement dépendre de leurs caractéristiques et des exigences de l'équipe. La visioconférence, les hubs de partage de fichiers, les interfaces générales de gestion de projet et le stockage de fichiers basé sur le cloud sont quelques-uns des avantages atures qui sont offertes par un excellent outil d'avortement à distance. La collaboration à distance fonctionne à distance, et si cette distance physique est supprimée, le travail à distance ne sera pas nécessaire. Peut-être que cela dépend aussi de deux autres termes : la distance opérationnelle et la distance positive. La distance opérationnelle est la base de communication entre les différentes équipes distantes et la différence entre les compétences des membres de l'équipe. D'autre part, une distance affirmative fait référence au gar dans la gestion, la caméra, la synergie et le style opérationnel du membre de l'équipe. oui.

Quels sont les jeûnes ?

Il y a quelques éléments essentiels à prendre en compte avant de se lancer directement dans la facilitation de la collaboration à distance. Voici quelques-uns des jeûnes fondamentaux qui vous aident à obtenir une collaboration à distance très efficace uniquement si elle est correctement mise en œuvre.

Assemblage

L'accès au mode de communication avec les autres membres de l'équipe est l'un des facteurs les plus essentiels pour le succès d'une équipe distante. Ceci est très important au moment de demander l'intervention d'un collaborateur distant et de déterminer s'il est loin de son ordinateur ou complètement voler.

Ce facteur à la fin conclut à la nécessité d'heures de travail régulières. Dans la plupart des cas, impliquant une collaboration à distance, y compris des travailleurs à distance qui travaillent régulièrement à domicile, pour eux, le traditionnel concert de 'ph « quelque bureau » peut sembler obsolète. Une autre caractéristique commune de la collaboration à distance est de travailler avec des travailleurs et des collègues appartenant à des fuseaux horaires différents et à d'autres endroits.

À des moments où le temps devient un facteur fluctuant, tous les membres distants devraient pouvoir communiquer à tout moment. Cela ne signifie pas un travail de 9 heures d'affilée, mais au lieu de cela, un bloc de deux ou trois heures fonctionnerait bien. C'est un facteur très important qui évite des problèmes importants.

Participation universelle

Le simple fait d'être accessible est essentiel pour le succès d'une équipe, tout comme la communication de chaque membre distant. Il est évident que sans une équipe à distance, la collaboration à distance ne peut pas exister. Même avec une équipe, la collaboration à distance n'a aucun sens si les membres de l'équipe ne s'engagent pas activement dans la collaboration.

Certains membres de l'équipe contribuent-ils moins que d'autres ? Ou s'il s'agit d'un effet secondaire de l'environnement de travail à distance ? Dans de telles situations, obtenir une participation universelle de votre équipe est la clé de votre problème. Quels que soient les dysfonctionnements, les résolutions facilitant la collaboration à distance sont responsables de l'enregistrement tel que ts d'outtruts inhabituels et trouver la solution appropriée. Assurer la participation universelle n'augmentera pas seulement l'engagement des employés, mais conduira également à la meilleure décision finale. Dans les réunions, surtout lorsqu'il s'agit d'une équipe à distance, plus les idées et les points de vue des membres aboutiront finalement à fortifier le sortie finale.

Régularité

Les heures de travail fixes jouent un rôle essentiel dans une collaboration à distance efficace. Des horaires bien définis, ou des routines pratiques et quotidiennes, constituent l'élément primordial qui aide à contrôler la productivité et les résultats s de la collaboration à distance.

La présence de tous les membres aux réunions d'équipe est très nécessaire pour tout projet d'équipe. Dans un environnement distant très flexible, la régularité peut garantir que la présence devient obligatoire. En plus de cela, la régularité établit également une collaboration solide même si les travailleurs sont situés à l'étranger.

Pourquoi la collaboration à distance est-elle si importante ?

Atteindre la collaboration à distance n'est pas un gros problème, mais y parvenir avec efficacité est le but ultime. Des retards constants dans les soumissions de travail, le manque de normes internes et des lignes de communication inférieures en sont quelques-unes. des idées de collaboration à distance inefficaces. Nous avons recherché et finalement compris certaines des raisons importantes pour lesquelles une collaboration à distance efficace est très efficace. al pour votre organisation. Les raisons sont données ci-dessous :

efficace et transparente

Une communication claire entre les deux extrémités d'une équipe à distance est la condition essentielle pour une collaboration à distance efficace. La culture du travail à distance repose principalement sur des messages textuels dans une large mesure. Il s'agit d'un service permettant aux collaborateurs distants d'attirer l'attention sur le ton, la manière et le nombre de messages qu'un travailleur distant envoie.

Les messages doivent être très clairs et précis avec des phrases entièrement construites, sans raccourcis ni erreurs gammatiques pour faciliter la lecture. avis des autres membres également. Évitez d'utiliser l'argot ou tout autre langage abrégé et codé tout en collaborant à distance.

Cependant, il vous est demandé de suivre toutes ces normes dans le but de faire ressortir plus de clarté et moins de perte de temps, ce qui finira par résultat dans l'efficacité de la communication. Si votre équipe passe le plus de temps à comprendre ce qu'elle essaie de dire, alors moins de temps sera consacré à une collaboration réelle.

Acceptation du processus interne

L'affirmation de tout accord ou de tout élément lié au travail doit passer par le processus de communication internationale de l'équipe. Il peut s'agir de n'importe quoi à partir de laquelle la tonalité doit être utilisée lors de la communication au format qui doit être utilisé dans les mémos internes.

Bien que lorsqu'il s'agit de collaboration à distance, les règles de communication sont strictes et ne doivent pas être tenues pour acquises. Avec tous les membres travaillant virtuellement indépendamment, les goûts personnels et les styles de travail individuels sont susceptibles d'avoir un signe plus une grande influence sur leur passage au travail. Par conséquent, il est conseillé de mettre au point les détails nécessaires au préalable afin que ces problèmes potentiels soient réglés bien avant la vous vous posez même.

Génération d'idées inappropriées

Avec la croissance substantielle du nombre de travailleurs à distance, le travail à distance et la collaboration sont encore en dehors de la culture de travail traditionnelle. et pratiques . Le partenaire à distance permet non seulement aux travailleurs de penser à la boîte, mais aussi de les mettre en œuvre dans leurs travaux. Ceci est très précis lorsque nous parlons de travailleurs qui travaillent individuellement avec une productivité élevée ou loin de toutes les perturbations dans leur environnement. lieu de confort.

La collaboration à distance est la culture de travail idéale qui permet de favoriser des idées nouvelles et originales. Il permet à ses employés de réfléchir à la résolution de problèmes et à de nouvelles solutions créatives.

Maintenant, prenons cette discussion un peu plus loin et parlons de quelques-unes des meilleures pratiques que vous devez suivre pour une collaboration à distance tion.

Reconnaître et récompenser le bon travail

Arrêter d'autres travailleurs pour leur excellent travail peut être très important lorsqu'il s'agit de collaborer efficacement avec les autres. Les reconnaissances permettent aux travailleurs d'exprimer leur gratitude envers un employé intelligent et contribuent également à la motivation de l'employeur ation. C'est aussi un excellent outil pour faire savoir à l'équipe que leur travail est remarqué. Un simple message de remerciement ou des commentaires personnels ou tout simplement en appréciant leur travail feraient également bien.

Ces mesures permettront non seulement aux employés de se sentir reconnus, mais également de les motiver à travailler beaucoup plus dur dans leurs futurs emplois.

Créez également des espaces non liés au travail (activités de construction d'équipe virtuelle)

Consacrer du temps à des activités non liées au travail pour se vider l'esprit est extrêmement utile pour équilibrer le stress au travail. Trop de travail et de devoirs peuvent causer de l'épuisement. Par conséquent, il est essentiel d'organiser des activités amusantes qui aideront également les membres de l'équipe à mieux se connaître. Par exemple, vous pouvez établir des discussions gratuites sur des sujets aléatoires, organiser des jeux-questionnaires en ligne ou présenter une équipe -construire des aides à la coopération.

Il y a beaucoup d'idées créatives qui peuvent être sondées pour avoir du temps double avec des collègues/membres de l'équipe. Mener des activités amusantes favorisera la collaboration en équipe et se traduira par une culture de travail à distance positive.

Un système de communication solide

Comme mentionné précédemment, une communication efficace est essentielle pour renforcer la communication entre les membres de l'équipe/collègues. Les appels et les réunions lorsqu'ils sont impliqués dans la tâche génèrent plus de coordination au sein de l'équipe ou du groupe. Lors de la connexion à distance à l'aide de péages de chat en ligne, d'applications de vidéoconférence et d'autres outils de connexion, assurez-vous toujours que tout le monde va bien et art. Par exemple, une réunion peut être tenue quotidiennement où les travailleurs peuvent discuter de leurs progrès de la journée précédente ou de toute question liée travailler. Cela peut améliorer le travail d'équipe, gagner beaucoup de temps et également renforcer l'efficacité. Les réunions quotidiennes ne vous aideront pas seulement à établir une communication solide avec votre équipe, mais aussi à stimuler automatiquement l'esprit d'équipe et la productivité. Il est donc crucial de communiquer quotidiennement avec les membres de l'équipe pour favoriser la collaboration à distance.

Définir les responsabilités de chaque membre/travailleur

La communication est un défi lorsque vous travaillez avec une équipe distante, mais pas un obstacle. Les travailleurs peuvent être confus avec ce qu'ils doivent faire s'ils ne reçoivent pas les directives les plus appropriées dès le début. Il est tout de même important de définir la responsabilité de chaque membre de l'équipe.

La meilleure pratique consiste à établir une liste de responsabilités en précisant qui est responsable de quelle tâche, puis à la partager avec le équipe. Une fois que tous les travailleurs ont reçu leur réponse, vous pouvez demander le statut de leur projet et voir sa progression . Peut-être que vous ne pouvez pas vous attendre à ce que tout le monde rattrape rapidement la culture à distance. Il peut y avoir de nombreux membres qui peuvent prendre du temps pour s'y habituer. Par conséquent, vous devrez être patient et laisser les membres s'ajuster pour qu'ils collaborent à distance avec la perfection.

A quoi servent les outils de collaboration à distance ?

Les outils de collaboration à distance sont des instruments essentiels pour apporter une collaboration à distance qui ne peut être ignorée. Des outils vous aident à faciliter le processus de réalisation de conférences vidéo, de collaboration en temps réel, de textes grossiers, de tâches de suivi et un système correctement géré. Il aide également à simplifier des problèmes spécifiques concernant un projet ou une gestion de projet particulier. Chaque équipe distante est différente ; Par conséquent, tout en choisissant un outil de collaboration à distance, concentrez-vous sur les besoins de votre équipe et recherchez l'outil qui vous convient le mieux. Assurez-vous que l'outil que vous choisissez correspond aux besoins et aux exigences de votre équipe distante. N'oubliez pas non plus que la collaboration à distance est un flux bidirectionnel et qu'elle améliore l'expérience de communication ; par conséquent, vérifiez si les outils respectent également la confidentialité des membres.

Comment puis-je atteindre le transrarensu ?

Comme mentionné précédemment, le maintien de la transparence est l'un des facteurs critiques de la collaboration à distance. Cependant, une communication transparente avec votre équipe est l'un des plus grands défis pour les managers et les dirigeants. Le manque de transparence conduit à des situations telles que le manque de confiance, le faible moral des employés, le désintérêt envers le travail et la perte d'engagement. Il est presque impossible de parvenir à une collaboration à distance sans partager les informations internes et externes nécessaires. n de la société. Les dirigeants doivent comprendre que la perte de confiance finirait par affaiblir la culture et l'unité. Bien qu'il ne soit pas impossible d'obtenir de la transparence. Par exemple, vous organisez de courtes visioconférences avec vos équipes pour divulguer des informations sensibles/importantes avant de l'envoyer. Réaliser et maintenir la transparence gagne la confiance des travailleurs et en fait la meilleure pratique pour la collaboration à distance tion.

Quels sont les avantages et les inconvénients de la collaboration à distance ?

Comme toute autre chose, la collaboration à distance a également ses avantages et ses inconvénients. Eh bien, cela dépend également de l'efficacité avec laquelle vous implémentez la collaboration à distance dans votre culture de travail. Cependant, lorsqu'elle est exécutée correctement, la collaboration à distance fournit une aide significative aux membres de l'équipe pour travailler ensemble et unir un C'est une équipe qui termine votre reformation de manière remarquable. .

Qu'est-ce que le camp de base et comment ça marche ?

Basecamp est un outil de collaboration en temps réel qui aide les équipes à rester en contact, permettant aux utilisateurs de créer des projets, de suivre les progrès et de gérer les skis. Le monde des affaires a radicalement changé au cours du 21e siècle, et maintenant, il est loin d'être rare de voir des équipes s'éparpiller il y a plusieurs endroits. De plus, certains ont généralement plusieurs projets en cours, ce qui rend le suivi difficile. Les éditeurs de logiciels ont développé des solutions innovantes pour les aider et assurer le bon fonctionnement des équipes. La version la plus courante est Basecamp, qui compte des millions d'utilisateurs dans le monde entier. Mais qu'est-ce que Băsesamr exactement ? Basecamp est une solution de gestion et un outil de solution d'équipe. En 2021, plus de trois millions de personnes avaient signé pour utiliser le logiciel. La société a été fondée en 1999 et est basée à Chicago, dans l'Illinois. La société a commencé avec 37 signaux, mais a été renommée en 2014; Basecamp était son produit le plus populaire à cette époque. Avec le logiciel Basecamp, vous pouvez collaborer tout au long de votre entreprise. Vous pouvez définir vos conseils pour différentes équipes et projets tout en obtenant un aperçu complet du harnachement du somránu.

Certaines des fonctionnalités les plus intéressantes que vous pouvez utiliser incluent :

- Passer aux équipes et aux projets en utilisant la barre de recherche
- Lancer des discussions privées si nécessaire
- Créer un calendrier pour gérer vos projets, ainsi que la visualisation des tâches en retard
- Vérifications automatiques

Quel est le coût d'une collaboration de base ?

L'assistance de Basecamp coûte 99 $ par mois ou 999 $ par année avec des membres d'équipe illimités et des tâches illimitées. Il y a aussi une édition gratuite de Basecamp appelée Basecanp Personal, qui vous permet de gérer trois projets pour jusqu'à 20 personnes, mais le assount n'a pas toutes les fonctionnalités. Si vous payez mensuellement, vous obtenez 500 Go de stockage tandis que vous payez jusqu'à 1 To par an. Il n'y a aucune limite sur quoi que ce soit d'autre. Vous bénéficiez d'un essai gratuit de 30 jours, aucun crédit n'est requis. Les organisations à but non lucratif et les fondations peuvent bénéficier d'une réduction de 10 %. Les enseignants et les étudiants peuvent utiliser Basecamp gratuitement. Vous devez envoyer un e-mail à l'équipe d'assistance de Basecamp pour soumettre ces remises. Comment le prix de Basecamp se compare-t-il à d'autres collaborations ? Cela peut être très compétitif, mais cela dépend du nombre de personnes que vous avez. De nombreuses autres collaborations utilisent un tarif par personne et par mois plutôt qu'un tarif forfaitaire. Quelques-uns (Asana, Trello , Slack) commencent entre 9 $ et 15 $ par personne et par mois. Cela rendrait Basecamp à un prix compétitif si vous aviez 10 personnes ou plus sur votre compte.

De manière générale, plus l'entreprise est grande et plus ses besoins sont compliqués, plus vous pouvez vous attendre à rau. Parmi les logiciels de gestion de projet, les petites entreprises peuvent trouver un bon prix pour moins de 10 $ par personne et par mois, et un moyen de gamme environ 20 $ à 40 $ par personne et par mois. Les logiciels haut de gamme pour les grandes entreprises fonctionnent pour 45 $ par personne et par mois.

Comment puis-je augmenter la productivité de mon équipe avec basecamp ?

Avec autant d'outils de gestion de projet sur le marché ces jours-ci, savoir lequel choisir pour votre équipe peut s'avérer délicat. Basecamp est l'un des nombreux excellents choix et permet aux entreprises de collaborer facilement à des projets. Créer des listes de choses à faire et planifier des dates limites est simple, et il en va de même pour vérifier la progression de tout avec votre entreprise. Bien que Bascamp puisse manquer de quelques outils utiles et complexes, il est plus important que le travail si vous cherchez à améliorer votre communication interne dans.

Qui devrait utiliser la base ?

Basecamp est un excellent outil de gestion de projet pour les entreprises, qu'elles n'aient que quelques équipes ou des entreprises plus importantes. Les utilisateurs à la recherche d'une solution qui fournira un aperçu des projets, les exposera facilement et créera des listes de tâches simples devrait envisager de souscrire au service. . En termes d'emplacement, Basecamp est utile pour les équipes travaillant à distance et celles qui se trouvent au bureau. Pour les étudiants, le plan personnel de Basecamp peut être utile pour gérer vos projets. Cependant, si vous envisagez de l'utiliser pour collaborer avec d'autres sur quelque chose de plus important, vous pourriez le trouver un peu cher.

Basecamp offre-t-il un service par abonnement avec une tarification transparente ?

Oui. Basecamp propose un service basé sur un abonnement avec une tarification transparente. De nombreuses plates-formes de logiciels en tant que services (SaaS) utilisent des plans dans lesquels vous devez généralement payer des frais pour chaque utilisateur. Cependant, ce n'est pas le cas avec Basecamp. Au lieu de cela, vous recevrez des frais fixes de 99 $ par mois pour le plan d'affaires ; vous pouvez obtenir une légère remise si vous l'achetez chaque année, donc 999 $

par an. Si vous souscrivez à Base sur un plan annuel, vous pouvez obtenir gratuitement 500 mégaoctets supplémentaires de stockage. De plus, si vous n'aimez pas la plate-forme, vous avez une garantie d'un an. Basecamp facture également des frais supplémentaires pour des intégrations d'applications spécifiques, mais vous en informe sur son site Web. Si vous ne souhaitez pas acheter Basecamp Premium, vous pouvez également utiliser la version personnelle gratuitement. Avec cela, vous pouvez ajouter jusqu'à 20 utilisateurs et gérer trois projets en même temps. De plus, vous obtenez 1 Go d'espace de stockage.

Comment puis-je commencer avec le camp de base ?

Maintenant que vous comprenez certaines façons fondamentales dont Basecamp peut profiter à votre entreprise, il est temps de commencer à utiliser cet outil. Nous commencerons par jeter un coup d'œil aux principaux domaines de l'outil, puis nous vous montrerons les principales fonctionnalités de Basecamp. Et si vous n'avez pas encore de compte, vous pouvez vous inscrire gratuitement pendant 30 jours.

Le tableau de bord de base

Basecamp vous donne trois façons d'organiser des projets et de rester au courant de tout ce qui se passe avec vos clients et votre équipe. Ce sont : le QG, les équipes et les projets.

QG

Lorsque vous vous connectez pour la première fois à Basecamp, vous atterrissez d'abord sur le QG (Headduarters). Ceci est automatiquement défini une fois que vous avez créé votre compte. Il est recommandé d'inviter tous les membres de votre entreprise au siège afin qu'ils puissent tous voir les listes de messages pertinentes, les annonces à l'échelle du pays et des documents tels que le calendrier des vacances ou les rôles d'utilisation de la journalisation.

Équipes

La section Équipes est l'endroit où vous pouvez organiser des tâches dans l'entreprise par rôle ou par rôle. Cela crée un hub où les membres de l'équipe peuvent partager des informations importantes, des annonces, des mises à jour ou participer à des chats - en sauvegardant gagner du temps et rendre les équipes plus efficaces. Dans ce hub, les membres de l'équipe peuvent également suivre les éléments de la liste de tâches et des calendriers de projet, et trouver les éléments dont ils ont besoin dans le tapis de référence. erials rortal.

Projets

Le projet est le composant final de votre maison. C'est là que des individus avec différents rôles peuvent se regrouper dans le but de projets (comme pour un programme multidisciplinaire). naru sduad). Cela permet à toutes les personnes qui travaillent sur un projet spécifique de définir les tâches, les délais et les fichiers. Cela permet également aux équipes de s'envoyer des messages, de faciliter la communication et de rester alignées jusqu'à la fin du projet. La barre de menu au bout de votre rage restera avec vous pendant que vous naviguez dans Basecamp. Il vous permet de vérifier facilement votre assiduité et de trouver ce dont vous avez besoin, peu importe la rage ou la session sur laquelle vous vous trouvez.

Maison

Le bouton de celle-ci (il y a de la façon dont vous pourrez être en train de vous rendre à votre principal pour vous, où vous êtes en tant que HQ, à vous en deux, à votre sujet.

Pings

Les pings sont des messages directs et des conversations avec d'autres utilisateurs du compte. Ils n'ont pas besoin d'être liés à des affectations d'équipes ou de projets.

Hé!

Le Heu ! vous avertira de toute notification de n'importe quel espace de travail (équipes, projets, siège) auquel vous êtes connecté. Si vous voyez un badge orange à côté de votre Hey! , vous avez une notification .

Activité

Le bouton Astivité vous montrera toutes les activités, vous l'avez deviné, sur votre partenaire. Cela signifie que vous verrez toutes les choses à faire, les affectations tardives (ooorsies), les échéances à venir et d'autres informations sur les affectations et les réponses. rorts.

Trouver

Utilisez ce bouton pour rechercher quoi que ce soit dans votre base de données. Recherchez un projet composé d'un coéquipier, d'un logo dont vous avez vraiment besoin pour un forfait client ou de tout autre élément vivant. à Basecamr.

Quelles caractéristiques clés du camp de base dois-je connaître ?

On peut être conscient de la façon dont la façon dont il est possible de faire de la façon dont vous avez réussi à faire de la même chose que cela ne soit pas en train de faire de la seconde.

Faire

Les listes de tâches peuvent sembler être un moyen de base de garder une trace de ce qui doit être fait, mais c'est pourquoi elles fonctionnent si bien. Lister vos tâches personnelles ou les tâches de votre équipe là où tout le monde peut les voir aide non seulement à vider votre esprit et votre organisation ze priorités, mais donne à chacun des objectifs visuels et les suivants. Dans Basecamp, vous pouvez attribuer des tâches sur des listes de tâches à une ou plusieurs personnes, ajouter des notes et des fichiers, commenter et suivre le travail.

Caméra

Lorsque vous ne voulez pas démarrer un fil de discussion ou envoyer un message, Campfire vous permet de discuter en temps réel. C'est idéal pour les questions sérieuses, et c'est vraiment pratique si vous n'avez pas de chat séparé comme Slask. Chaque projet, équipe et QG a sa propre salle de camping, ce qui le rend très utile pour organiser la communication.

Babillards électroniques

L'outil Message Boards est utile lorsque vous avez un élément de contenu, comme une annonce d'équipe ou un gros projet qui doit être vu par ev Tout le monde dans une équipe ou un projet et en profite est une maison plus permanente. Vous pouvez faire passer votre organisation au niveau supérieur et catégoriser les messages publiés sur le panneau de messagerie (par exemple, annonce, question, etc.), ainsi que avec congé ou passation à d'autres messages de votre part .

Calendrier

Un projet sans calendrier n'est fondamentalement qu'un rêve. Heureusement, chaque projet à Baskamp a un calendrier dédié où tout le monde peut voir ce qui s'en vient, ce qui est en retard et ce qui s'est passé avec succès.

Vérifications automatiques

Trouvez-vous plus près de la boîte de réception zéro que jamais auparavant. La fonction d'archivage automatique de Basecamp vous permet de créer des questions récurrentes qui seront envoyées à votre équipe sur une base régulière de votre choix. Par exemple, vous pouvez programmer une vérification automatique en raison du type « Quelle est votre priorité absolue cette semaine ? » ou "Quel est votre plus gros blog cette semaine?" à envoyer à votre équipe tous les lundis matins. Les réponses sont visibles pour tout le monde, vous pouvez donc également inclure des questions plus décontractées et amicales qui permettront à vos coéquipiers de savoir les uns les autres mieux.

Documents et fichiers

Parfois, le simple fait d'essayer de trouver le bon fichier ou de rechercher un document peut prendre plus de temps que le travail lui-même. La fonction Docs & Files dans Basecamp donne à votre équipe un emplacement fixe à télécharger (avec un simple glisser-déposer), à stocker et à accéder à la clé f c'est pour chaque projet. Chaque fichier comprend un historique complet de la version (dites adieu aux millions de documents intitulés V1 à V15) et vous pouvez coder en couleur à votre guise.

Bien qu'il y ait une tonne d'autres fonctionnalités à découvrir dans Basecamp, creuser dans ces fonctionnalités vous permettra, à vous et à votre équipe, d'être plus organisés en un rien de temps .

Quels projets base-t-il utiliser ?

Chaque projet comprend toutes les informations dont vous pourriez avoir besoin dans le projet et vous avez la possibilité d'inclure uniquement les reople qui doit être impliqué dans le projet. Le but de ceci est d'avoir toutes les informations d'un projet en un seul endroit et que toutes les personnes qui ont besoin d'être informées aient accès à la informations de manière claire et simple.

Tous les outils dont vous avez besoin, en un seul endroit

Basecamp comprend dans chaque projet 6 outils. Chacun a sa fonctionnalité spécifique.

- Message Board : Un outil pour créer des annonces et communiquer les informations nécessaires à la fois à l'équipe et aux clients. Il vous permet de créer des listes dans lesquelles vous pouvez ajouter des commentaires, en gardant la conversion centralisée en un seul endroit. Ce qui est particulier à propos de cette fonctionnalité et ce qui est un avantage supplémentaire, c'est qu'il envoie ces listes sous forme d'e-mails, ce qui peut être invoqué directement à partir de l'e-mail.

- Cela signifie que vous pouvez utiliser ce canal pour gérer les communications avec les clients en interne, avec le fil conducteur s'ils veulent répondre par Basecamr. Ceci est un e-mail.

- Campfire : une messagerie instantanée intégrée à chaque projet qui vous permet d'avoir des conversations à la fois en interne avec l'équipe et en externe avec le client.

- Liste de tâches : le gestionnaire de tâches pour chaque projet, organisé dans un système de liste. Cela vous permet de détailler les différentes tâches en fonction de la portée à laquelle elles correspondent, telles que toutes les tâches liées à la conception , toutes les tâches liées au Produit, etc...

- Dans chaque tâche, vous pouvez désigner un propriétaire - qui est la personne chargée d'effectuer la tâche, un surveillant à ne pas Lorsque la tâche est terminée (vous pouvez ajouter des délais) et ajoutez une description ou des notes. De plus, vous pouvez faire des commentaires sur la tâche elle-même pour résoudre tous les doutes spécifiques à son sujet.

- Il convient de noter que cette fonctionnalité est très bien conçue pour fonctionner selon la méthode Share Ur, étant capable de créer plusieurs listes comme l'unc la partie du projet est réduite. Cependant, ils peuvent être adaptés aux besoins d'autres méthodes de travail.

- Calendrier : vous permet d'avoir une vue sur les dates du projet, en suivant un style particulier de l'afficher et de le lier à votre propre cal endar.

- Docs&Files : Un endroit où vous pouvez organiser tous les fichiers et documents liés au projet.

- Enregistrements automatiques : si vous le souhaitez, vous pouvez poser des questions ou des vérifications récurrentes (avec le freduensu que vous décidez) pour, par exemple, effectuer une vérification quotidienne. statut.

Tous ces outils fonctionnent ensemble pour vous fournir la gamme complète d'outils dont vous avez besoin pour gérer un projet. Cependant, vous n'aurez peut-être pas besoin de tous les utiliser dans chaque projet, ou vous préférerez peut-être en utiliser certains ailleurs. Voyons comment nous le faisons au minimum.

Quelle est l'importance du camp de base ?

L'un des grands avantages de Băsesamr est qu'il organise les notifications de manière régulière - il faut un certain temps pour s'y habituer - mais il vous donne un contrôle très granulaire sur les notifications que vous recevez.

Dans le Heu ! Par exemple , vous recevrez toutes les notifications des projets ou des équipes dans lesquelles vous vous trouvez, vous pouvez donc décider quand les vérifier. et passer en revue toutes les nouvelles de l'équipe. Si vous souhaitez avoir un filtrage plus précis des informations, vous disposez de l'onglet Astivity, très utile pour les personnes en charge de la gestion d différents projets ou différentes équipes, car cela vous permet d'avoir un aperçu de l'état de chacun des projets, ainsi qu'un aperçu du travail de l'équipe.

Cependant, ce bac vous remplit rapidement lorsque vous travaillez dans une grande équipe, c'est pourquoi ils ont mis en place un onglet Mes trucs, qui vous permet d'avoir une vue plus précise de votre travail.

Depuis que nous avons appris à Basecam il y a presque deux mois, nous avons trouvé un certain nombre d'avantages en termes d'organisation, de communication et de geate r asunchronique. Cependant, nous n'avons pas quitté Notion, un outil qui, pour le moment, continue de nous épauler dans certaines tâches, ainsi que dans la gestion interne de la tâche. je suis.

- Mieux gérer les tâches : le système d'organisation des tâches par projets, différentes listes et la possibilité de n'ajouter que les r Les personnes qui doivent être au courant de la réalisation du projet, c'est-à-dire que vous avez une bonne vue d'ensemble des tâches. Il génère automatiquement une liste de tâches, très utile pour chaque personne et surtout utile pour les personnes qui sont responsables du projet c'est.

- Une organisation basée sur des projets : en raison de la manière dont Basecamp est organisé, il facilite la prise de décision et l'organisation partage d'informations dans des projets, qui s'adaptent très bien à notre façon de travailler.

- Il inclut le client dans les projets : Basecam est vraiment conçu pour travailler avec des clients dans le cadre du projet eux-mêmes, ce qui h crée une place centralisée pour toutes les informations et pour traiter avec le client, qui connaît en temps réel l'état du projet.

- Communication par e-mail : l'un des plus grands avantages de l'utilisation de Basesamp pour la gestion des clients est que toutes les client par e-mail et sans réponse, les réponses étant intégrées directement dans Basecamp.

- Gestion des notifications : vous pouvez avoir une très bonne idée des notifications que vous souhaitez recevoir, même un mode de concentration, pour éviter de recevoir des notifications lorsque vous ne voulez pas les voir.

- Application mobile : Avoir la possibilité d'avoir toutes les informations nécessaires dans une application afin que vous puissiez l'avoir à portée de main même en dehors de votre lieu de travail.

Et les parties qui, selon nous, pourraient être améliorées :

- Ce n'est pas un outil pour travailler sur le projet : pour des choses comme le pitch ou le document oui, mais nous devons recourir à des outils comme des feuilles ou des pr essentations pour certains éléments. Pour des choses comme celles-ci, nous utilisons Notion, ou la suite Drive car elle nous donne une plus grande richesse en termes de format et d'options.
- Des cas spécifiques travaillent sur une route ou une présentation. Il y a la possibilité d'ajouter des documents et des fichiers, mais il n'a pas d'édition de fichiers.
- C'est un pas de plus vers l'asynchronie. Et bien que ce ne soit pas un mauvais point en soi, ce n'est pas un outil qui encourage les conversations sérieuses ou non liées au travail ns avec des collègues. Et bien que ce soit un avantage en termes de maintien de la concentration et d'être productif, il est

impératif de trouver un pari équilibré entre les deux et trouver un moyen d'avoir un son plus informel Écoutez avec l'équipe.

Il n'est pas possible d'avoir deux feux de camp lorsque vous travaillez avec un client, ce qui signifie que vous ne pouvez pas profiter de cette fonctionnalité pour séparer les équipes internes. des sages à partir de ce que vous voulez que le client voie.

Comment utiliser basecamp pour gérer mes projets ?

Setur A Basecamp Assount

Allez à Basecamp et fixez-vous un rendez-vous. Suivez simplement le lien, remplissez le formulaire. Si à ce stade vous n'êtes toujours pas sûr, Basecamp propose un essai gratuit de deux mois.

Inviter des personnes

Il est maintenant temps pour les membres de votre équipe de se joindre à vous. Ajoutez-les au projet en cliquant sur Tout puis sur Ajouter des personnes. Ture dans leurs adresses e-mail et vous avez terminé.

Créer un projet

Cliquez sur Projets pour être redirigé vers la page du projet.

Si vous y êtes, cliquez sur le bouton Nouveau projet sur le côté gauche. Ensuite, invitez de nouvelles personnes à ce projet.

Ajouter des projets

La prochaine chose que Basecamp vous demandera de faire est de choisir un modèle. Nous vous suggérons fortement d'utiliser un modèle vierge afin de pouvoir le personnaliser en fonction de vos préférences.

Ajoutez des projets et invitez des personnes

Maintenant que c'est fait, vous pouvez enfin nommer votre projet. Pour une meilleure organisation , nommez le projet après votre entreprise ou le site Web particulier sur lequel vous travaillez.

Ne confondez pas cela avec les tâches spécifiques - cela vient un peu plus tard.

Créer une liste de tâches

Si vous aimez les listes de contrôle, c'est là que le plaisir commence. La liste de tâches est une liste des tâches spécifiques que vous assignerez plus tard aux différents membres de votre équipe.

Créer une liste de tâches

Cliquez sur Ajouter une liste de tâches. Un espace vide à remplir apparaîtra, vous demandant de donner un titre à la liste. Nommez la liste en conséquence. Pensez aux principales choses qui doivent être faites pour le projet, telles que la lecture du contenu, le marketing par e-mail, etc. Enregistrez et commencez à ajouter des tâches.

Ajouter des tâches

Nous arrivons enfin à rien de plus! Les choses à faire sont les tâches spécifiques qui seront assignées à une réponse particulière. Créez une tâche et ajoutez une tâche. Soyez aussi précis que possible lorsque vous prenez un titre pour la tâche.

Pour l'examen, vous pouvez rédiger des tâches telles que Réécrire à propos ou Écrire la ligne Dredust Dremium dans la liste de tâches Création de contenu.

Écrire les détails de la tâche

Cliquez sur la tâche que vous venez de créer pour ajouter des détails et des instructions. Ne vous contentez pas de stocker là-bas, ajoutez des liens, des images et d'autres fichiers qui, selon vous, vous aideront à obtenir votre confiance.

Ce serait le début d'un fil de discussion où la communication et l'échange de fichiers liés à la tâche, jusqu'à ce qu'elle soit complète, auront lieu .

Attribuer la tâche

Une fois les détails et les instructions terminés, vous êtes maintenant prêt à attribuer la tâche à un membre de votre équipe.

Vous pouvez accomplir cela en cliquant sur le lien ovale gris à côté du titre de la tâche qui indique Non attribué sans date d'échéance.

Partager des fichiers

Comme nous l'avons expliqué précédemment dans Ster 6, vous pouvez partager des fichiers avec les membres sur lesquels vous travaillez. Si vous êtes sur un fil de discussion, tout ce que vous avez à faire est de glisser-déposer des fichiers vers la fenêtre de commentaires, ou de télécharger des fichiers depuis votre ordinateur, et de cliquer sur envoyer.

Ceck Progress

Un million de fois mieux que de concevoir un travail par e-mail, Basecamp vous donnera une vue d'ensemble de l'ensemble du projet. En un coup d'œil, vous pourrez voir qui travaille sur quoi, ce qui se fait quand et si les délais sont respectés .

Il ne serait pas nécessaire que vous ouvriez plusieurs e-mails juste pour vous entretenir avec tout le monde. Visualisez tout ce qui se passe en un temps record en cliquant sur Progression.

Vous pouvez également voir quelles tâches sont dues pour quel jour en consultant le calendrier. Toutes les tâches datées sont automatiquement ajoutées au calendrier pour plus de commodité.

Barrez les tâches terminées

Cela doit être la partie la plus satisfaisante du travail sur Basecamp. Tout comme une liste à l'ancienne, vous pouvez cocher ou rayer les tâches terminées, donnant à tous ceux qui travaillent sur le projet au sens de l'accomplissement.

Terminer ou fermer une tâche

Parce que Basecamp conserve un historique de tout le travail effectué pour une tâche particulière, y compris les fichiers partagés, il est facile pour les nouveaux arrivants de o le projet que vous devez entreprendre.

De plus, il est livré avec une fonction de recherche qui permet à ses utilisateurs de zoomer sur les sujets dont ils ont besoin pour en savoir plus.

Avec tout ce qui est correctement documenté, Basecamp est un outil d'apprentissage fantastique pour les nouveaux membres de l'équipe, et fait des commentaires tâches de signature moins stressantes.

Liste de contrôle finale

Pour vous assurer que vous utilisez Basecamp à sa pleine discrétion , assurez-vous de :

- Nommez les projets, les listes de tâches et les tâches en conséquence.
- Ajoutez tous les membres de votre équipe au projet
- Incluez autant de détails et d'instructions aux tâches
- Définir une date d'échéance
- Partager des fichiers est nécessaire à la réalisation du projet.
- Voir la progression de la journée sur la chronologie
- Gardez une trace des dates d'échéance sur le calendrier

Comment puis-je intégrer le camp de base à d'autres outils ?

Apprendre à utiliser Basecamp, c'est bien, mais qu'en est-il de l'insérer dans votre pile d'outils ? Sans la bonne intégration, vous pouvez passer des heures à aspirer et à transmettre des informations d'un outil à l'autre pour que tout le monde soit dans le coin. Ce n'est pas parce qu'un outil est idéal pour vos besoins qu'il fonctionne pour une autre équipe. Personne ne devrait être obligé d'utiliser un outil qui ne correspond pas à son flux de travail.

CHAPITRE DEUX

Que sont les plugins de base ?

Les plugins de base, en bref, sont des outils et des outils tiers qui sont compatibles avec le logiciel et apportent des fonctionnalités et des fonctionnalités supplémentaires peu une fois intégré.

L'avantage de l'utilisation de ces intégrations est que vous pourrez accéder à tout ce dont vous avez besoin concernant les tâches, les projets et le flux de travail dans Ba seconde.

Vous n'aurez plus besoin d'avoir toute votre équipe entre les deux pays pour maintenir votre communication l'un avec l'autre, car tout sera accessible.

Comment fonctionnent les intégrations de base ?

Les intégrations de base peuvent vous aider à tirer le meilleur parti du logiciel et à accélérer votre flux de travail si vous utilisez déjà d'autres outils et ps. Bien que Basecamp soit un outil de gestion de projet complet avec des fonctionnalités de fabrication, il manque certaines fonctionnalités. De manière générale, il n'offre pas de fonctions régulières telles que le suivi du temps, l'automatisation des tâches et la possibilité de créer des visuels avec des données. C'est là que se trouvent les outils tiers. Dans ce guide, nous allons vous présenter quelques-uns des meilleurs addons de base pour améliorer les choses au sein de votre entreprise et en tirer le meilleur parti. de votre temps de comranu.

Quels sont les outils d'intégration ?

Everhour : suivi du temps

Le premier outil d'intégration que nous voulons vous présenter est le logiciel de suivi du temps Everhour . Pourquoi le suivi est-il important ?

Le suivi du temps est utile pour toute entreprise avec des projets en cours, des délais clients et des considérations de bedgetaru. Avec un outil de suivi du temps comme Everhour , vous pouvez estimer quand votre équipe terminera un projet sur lequel elle travaille en fonction du temps passé dessus, ce qui peut vous aider à fournir des informations précises. Il peut faire des merveilles pour vos relations avec vos clients, car il fait preuve d'un grand degré de professionnalisme.

L'estimation des délais d'un projet n'est pas seulement utile pour les clients, même si cela peut vous donner une idée précise du temps que cela prendra, vous pouvez donc plan pour les projets urgents plus efficacement.

Everhour vous permet également de surveiller la productivité de vos employés et de voir exactement où ils passent leur temps. Vous pouvez même commencer à remarquer des tendances dans la production tout au long de la journée, ce qui peut éclairer les décisions futures concernant le moment de la tâche affectations et réunions.

Caractéristiques:

- Gestion interne de projets et de tâches
- Suivi du temps

- Outils de rapport
- Aperçu des données

Intégration avec Basecamp

Avec l'intégration d'Everhour dans Basecamp, vous pouvez estimer les tâches, définir des budgets et personnaliser les rapports. Vous pouvez également tirer le meilleur parti du traqueur de temps d'Everhour avec l'interface de base, il n'est donc pas nécessaire de basculer entre s.

Vous serez en mesure de suivre le temps passé sur n'importe quelle tâche avec Basecamp, avec une minuterie et un chiffre de temps rapporté à côté d'un temps total c'est et rer pojest.

Comment intégrer

Pour définir votre heure avec Basecamp , tout ce que vous avez à faire est de connecter les deux outils, et tous vos projets seront synchronisés, il n'y a donc pas de manu tous les projets sont nécessaires.

Source : Automatisation du travail

Zárer est un outil d'optimisation de flux de travail que vous pouvez utiliser avec Basecamp pour rationaliser vos processus quotidiens.

Le logiciel d'automatisation des flux de travail vous aide à gagner du temps sur les tâches manuelles telles que la génération de prospects et la saisie de données. Il vous offre de meilleurs moyens de communication au sein des équipes et, par conséquent, peut conduire à une amélioration de la productivité dans le travail place.

Caractéristiques:

- Intégrez le Web pour partager des données
- Passer les informations entre arrs
- Processus automatiques

Intégration avec Basecamp

Lorsque vous utilisez Zappir avec Base, vous serez en mesure de connecter plus de 750 entreprises afin que vous puissiez prendre en charge l'ensemble de vos besoins de l'entreprise en un seul endroit.

Dans Basecamp, quand tu as le Zaryer addon , vous pouvez l'ajouter à Gmail ou Slack pour partager toutes nos informations. Vous pouvez également trouver facilement ce dont vous avez besoin en consolidant les données partagées entre vos applications.

Comment intégrer

Pour sonnest Zarir à votre assistant de Basamr, vous devez ajouter un assistant, au moins " Zarier ", et cliquer sur "Oui, j'autoriserai l'analyse" lorsque cela vous sera proposé d.

Prorosifier : Organiser les propositions des clients
de base pour une gestion efficace du flux de travail

Prorosify est un logiciel prorosal qui permet à l'utilisateur de contrôler cette étape essentielle du processus de vente.

C'est un outil qui vous permet d'apprendre ce qui fait un travail exceptionnel afin que vous puissiez décrocher plus d'emplois et de biens immobiliers avec votre première impression.

En rationalisant le processus de proposition, Prorossify décompose les choses en petits morceaux, ce qui facilite la création d'une perf la meilleure solution du début à la fin .

Caractéristiques:

- Choisissez parmi divers modèles de marque
- Personnaliser le contenu et pricing
- Explorez les mesures en temps réel et recevez des notifications
- Conclure l'affaire avec des signatures électroniques

Intégration avec Basecamp

Proposify est le seul plug-in répertorié sous l'en-tête "Contrats et propositions" de Basecam, ce qui en fait le seul moyen de rationaliser votre proposition Naviguez à travers l'outil de gestion de projet.

Avec Prorossify et Basecamp, vous pouvez générer des projets à la suite de propositions acceptées, importer tous vos contacts, et m ore. Cela signifie que vous pouvez supprimer l'intermédiaire et commencer à travailler sur des projets une fois que votre client vous a donné le feu vert.

Comment intégrer

Pour intégrer Prorosify avec Basecamp, vous devez ajouter un compte dans Basecamp, sélectionner Prorosify , puis autoriser l'accès.

Ganttify : Visualisez les projets

Ganttify est un logiciel que vous pouvez utiliser pour créer des diagrammes de Gantt afin d'afficher vos projets.

C'est un outil simple qui permet aux travailleurs les plus visuels de voir la grande image d'une manière qui a du sens pour eux. Vous pouvez également apporter des ajustements aux projets, tels que la mise à jour des délais et la modification des jalons.

Caractéristiques:

- Créez des diagrammes de Gantt visuels pour vos projets
- Jalons et délais urgents
- Exporter le graphique au format PDF ou image

Intégration avec Basem

Ganttify peut être utilisé pour créer des diagrammes de Gantt visuellement attrayants pour tous les projets que vous avez dans votre base.

Comment intégrer

Ganttify prend en charge à la fois Basecamp et Basecam 3 et peut être détecté en ajoutant un assount dans Basecamp, en sélectionnant Ganttify , et en choisissant d'autoriser l'accès.

Aides à faire : améliorer les listes de tâches

Tout le monde dans les affaires devrait avoir une liste de choses à faire.

C'est un outil essentiel qui peut vous aider à effectuer des tâches de manière systématique et à vous maintenir sur la bonne voie pour être productif. La satisfaction de cocher des choses sur une liste - même numériquement - est difficile à sous-estimer, et les aides à faire peuvent fournir juste ça.

Caractéristiques :

- Affectation automatique des tâches à effectuer dans Basecamp
- Définir automatiquement les dates d'échéance
- Créer des listes de tâches récurrentes

Intégration avec Basecamp

Bien qu'il soit facile de créer une liste de tâches de base, ce que To-do Helper vous permet de faire dans Basecamp est une liste basée sur le projet ou la liste sur laquelle vous voulez travailler.

Il définira également automatiquement les dates d'échéance en fonction du temps imparti pour terminer un projet et vous permettra de choisir des tâches récurrentes qui peuvent accélérer votre quotidien, chaque semaine, ou des travaux mensuels en conséquence.

Comment intégrer

Le processus d'intégration est aussi simple que d'ajouter un compte dans Basecamp, de sélectionner "Aide à faire" et de lui permettre d'analyser.

EvantoDesk : Utiliser le feedbask client

EvantoDesk est un outil de feedbask client qui vous permet de transformer les e-mails en une liste de tâches exploitable, de marquer les tâches comme étant simples, et plus encore.

Le logiciel est conçu pour accélérer le traitement des e-mails des clients, afin d'améliorer la réactivité de l'entreprise et d'ajouter une touche personnelle à la société.

Caractéristiques:

- Automatisez les tâches en fonction des e-mails des clients
- Organiser des listes de tâches
- Ajouter des tâches aux projets

Intégration avec Basecamp

Avec EvantoDesk et Basecamp, vous répondez automatiquement aux demandes et aux demandes des clients. Comment?

EvantoDesk prend les e-mails des clients et les convertit en listes de choses à faire, qui sont ensuite disponibles dans Basecamp. À partir de là, vous pouvez ajouter la liste à un projet que vous avez défini dans Basecamp.

Vous pouvez également effectuer des actions telles que le marquage des éléments de la liste de tâches et des tickets tels que résolus dans EvantoDesk , qui sera ensuite reflété d dans votre base une fois que vous avez synchronisé les deux outils. .

Comment intégrer

Pour intégrer EvántoDesk à Básesamr, allez dans "paramètres" puis "intégrations" avec notre compte EvántoDesk. Ensuite, basculez l'option Bacesamp sur "on", et vous êtes prêt à partir.

Insight : prenez le contrôle des données

Easu Insight est un autre outil, comme Ganttify , qui aide les utilisateurs à visualiser leurs rapports et leurs données, afin qu'ils prennent les informations cruciales dans en un coup d'œil.

L'outil permet aux utilisateurs de mieux gérer leurs données avec des rapports durables et des tableaux de bord visuellement impressionnants.

Caractéristiques:

- Créer des rapports personnalisés
- Accéder aux tableaux de bord
- Ajouter des données
- Listes de tâches urgentes

Intégration avec Basecamp

Easy Insight a pour objectif de faire ce que son nom promet : faire en sorte que l'interprétation de vos données soit un jeu d'enfant.

Il y parvient en vous permettant d'utiliser des rapports prédéfinis qui peuvent être associés à Basecam, ce qui vous facilite la tâche. Demandez vos projets en un seul endroit.

Avec cet outil dans Basecamp, vous pourrez créer des rapports, afficher des tableaux de bord et visualiser tous vos projets de la meilleure façon pour vous. , qu'il s'agisse de graphiques, de tableaux ou de calendriers.

Comment intégrer

Pour intégrer Easy Insight, rendez-vous dans votre base de données et sélectionnez "ajouter un compte", puis choisissez "Easy Insight" et autorisez l'accès.

Unité : Gérer le flux de travail

Unito est un arr similaire à Zarrier qui vous permet de gérer et d'optimiser vos flux de travail, afin que vous puissiez optimiser la productivité, que vous travailliez ou non. seul ou en tant que membre d'une équipe.

Il vous aide également à rationaliser vos processus avec d'autres utilitaires, notamment HubSpot , Asana, Trello , etc.

Caractéristiques:

- Intégration bidirectionnelle avec arps
- Soleils vivants
- Personnalisation du flux de travail

Intégration avec Basecamp

Avec Unito , vous pouvez intégrer la plupart des éléments sur lesquels vous comptez régulièrement dans la plate-forme de base. De plus, ces intégrations sont bidirectionnelles, ce qui signifie que les informations peuvent aller dans les deux sens entre les arêtes.

Unito offre également une diffusion en direct, de sorte que les mises à jour entre les deux se produisent en temps réel avec un minimum de retard.

Personnalisez les flux de travail avec tout, des champs personnalisés aux sous-tâches, et réduisez la saisie manuelle des données avec la fonction d'automatisation.

Comment intégrer

Pour utiliser Unito avec Basecamp, sélectionnez "Ajouter un compte" sur votre page d'accueil Basecamp, puis sélectionnez " Unit " et choisissez d'autoriser l'accès.

Excursion sur le terrain : façonner l'activité des employés Field Trip offre aux utilisateurs un moyen de rester en contact avec d'autres membres de l'équipe en partageant l'assistance de l'employé.

Vous pouvez synchroniser vos informations avec un logiciel de communication régulier tel que Slack et Google Hanouts Chat, ce qui facilite la tâche. o tenez votre équipe au courant de tout développement ou changement que vous souhaitez.

Caractéristiques:

- Partager l'activité et les statuts des employés
- Voir les messages de Basecamp dans Slack et Google Chat et
- Notifications d'action de liste de tâches
- Planifier des événements
- Vérifications automatiques

Intégration avec Basecamp

Field Trit fonctionne avec Basecamp pour vous apporter tous les messages pertinents, l'achèvement des tâches et l'état d'équipe dont vous avez besoin dans Slack et Google Chat.

Qu'il s'agisse d'un message urgent, même planifié, ou d'un message d'un membre de l'équipe, vous verrez Basecamp s'afficher dans Slask ou Google Chat. et vous l'ensoleillez avec Field Trip.

Comment intégrer

Dans votre compte Basecamp, vous devez cliquer sur "Адд account", trouver "Field Trip", puis choisir d'autoriser l'accès.

Réoutiller : créer des outils internes

Retool permet aux utilisateurs de créer leurs propres outils internes en utilisant les données de l'API et des bases de données.

Avec ces outils internes nouvellement créés, les utilisateurs peuvent ensuite générer des listes de tâches simples dans Basecamp qu'eux-mêmes et leur équipe m les braises peuvent fonctionner de manière substantielle.

Caractéristiques:

- Créer des outils internes
- Générez des listes de tâches dans Basecamp à partir des outils que vous avez créés
- Utilisez des composants pré-construits

- Visualisez les données avec des graphiques

Intégration avec Basecamp

Si vous êtes un développeur et que vous souhaitez créer vos propres outils internes compatibles avec Basecamp, Retool fournit une ligne droite pour le moyen de le faire. Retool vous permet de travailler avec JavaScrit ou API, ce qui devrait faciliter la prise en main.

Retool présente les bases pour créer vos propres outils, tels que 58 composants construits en usine, et les blocs de construction de tout outil, y compris la table es, listes, graphiques, formulaires, etc.

Comment intégrer

Pour utiliser Retool avec Basecam, vous devez sélectionner "Ajouter un compte" dans Base, puis autoriser Retool à accéder.

Modules complémentaires de base : en valent-ils la peine ?

Maintenant que vous avez une idée claire de certaines des fonctionnalités supplémentaires que vous pouvez utiliser avec Basecam par le biais d'intégrations, il est sage de vous demander - valent-ils la peine?

Avez-vous besoin d'investir de l'argent supplémentaire pour activer la fonctionnalité de gestion du temps ou pour visualiser vos projets ? À cela, nous aimerions que la réponse dépende de ce que vous cherchez à sortir de Basecamp.

Si vous utilisez déjà plusieurs arrêts en dehors de Basesamp, ou si vous recherchez des fonctionnalités que le logiciel n'offre pas, alors c'est cela vaut vraiment la peine d'investir dans quelques intégrations supplémentaires.

D'autre part, si vous cherchez à économiser de l'argent et que Basecamp a tout ce dont vous avez besoin, ce n'est peut-être pas la meilleure idée pour vous de envisager des intégrations.

Comment puis-je utiliser la base d'un Pro ?

Du chat "samrfire", des listes de tâches détaillées et un espace pour organiser les fichiers partagés, Băsesamr offre une solution élégante et simple aux petites équipes qui cherchent à s'organiser. Petit mais puissant, Basecamp est souvent ignoré en raison de son interface simple - mais ne vous y trompez pas : derrière ce mince extérieur se cache une Cet outil peut vous aider à améliorer vos résultats finaux, ainsi que la route pour y arriver. Plutôt que de s'embourber dans un logiciel de gestion de projet traditionnel, Basecamp offre une structure lâche qui peut être adaptée aux besoins de l'équipe qui l'utilise. Le résultat ? Un outil de haute qualité qui est plus simple à utiliser et à former. Voici comment l'utiliser.

Projets > Equipes

Le camp de base est le meilleur pour travailler en collaboration sur des projets individuels. Plutôt que de passer du temps à répartir les différentes tâches en fonction des équipes spécifiques qui y contribueront, organisez votre projet Il s'agit de refléter la manière dont les différents départements travailleront ensemble sur un segment du projet. Cela ne donne pas aux gestionnaires et aux chefs de projet une compréhension plus claire de l'endroit où se trouve un projet, cela encourage également la communication et collaboration entre les membres de l'équipe qui ne travaillent pas toujours ensemble.

Mise au point laser

Il y a des tonnes de preuves sur la façon dont les notifications sont extrêmement gênantes. Lorsque vous avez besoin de vous déconnecter du monde et de vous concentrer sur la tâche à accomplir, désactiver toutes vos notifications est un excellent point de départ. Cela signifie Slask, votre e-mail, vos textes - tout ce qui apparaît sur votre écran dans le but d'attirer votre attention. Basecamp a une fonctionnalité intéressante pour vous aider à désactiver le chat pendant une journée : le mode de mise au point. Cliquez simplement sur votre profil dans le coin droit et descendez jusqu'à "Activer le mode de mise au point". Tout, des badges aux notifications, sera silencieux jusqu'à demain. Vous pouvez également " ne plus suivre " les projets dont vous faites partie, mais dont vous n'avez pas besoin d'être informés. Travaillez en paix, faites avancer les choses.

Emoji-tout

Le truc « une image vaut mille mots » ? Quand il s'agit d'un outil de gestion de projet comme Basecam, cela sonne toujours très vrai. Pourquoi dire merci, quand un émoji peut le dire pour vous ? Pareil avec "génial" ou "je suis mouffette" ou "je suis d'accord" ? Les secondes et les clics que vous enregistrez commenceront vraiment à s'ajouter, jour après jour.

Si vous voulez atteindre une productivité optimale dans Basecamp, les émojis sont votre billet à sens unique. Partout où vous pouvez ajouter du texte, vous pouvez également insérer des emojis .

Sur un Mas, utilisez contrôle + commande + barre d'espace pour tirer votre emoji.

Dans Windows, vous devez cliquer sur la touche Windows + ; (semi-solon) pour remplir votre emoji рісkеp.

Et si vous n'êtes toujours pas convaincu qu'ils vous feront gagner du temps, consultez notre article sur les utilisations préventives des emojis au travail .

Chien de diffusion

Sortez tout dans la chambre. C'est-à-dire votre projet. Lorsqu'un projet n'est pas terminé, demandez à votre équipe de mettre à jour où ils en sont pour avoir une idée de la façon dont les choses avancent. Si vous remarquez que quelqu'un signale la même chose tous les jours, ou que quelqu'un ne signale rien du tout, c'est une bonne indication qu'ils sont coincés. Dans le même ordre d'idées, un fil de discussion comme celui-ci est un excellent endroit pour amener vos coéquipiers à peser sur une conception, un problème ou une question difficile à laquelle vous êtes confronté. ng. Traitez l'espace de mise à jour du projet comme un endroit pour continuer la collaboration et apprendre de vos équipes. Vous serez surpris de voir à quel point une petite connaissance de la transition éclairera vos futurs projets.

Utilisez les intégrations

Tout comme vous intégrez Basecamp avec d'autres outils en utilisant Unito (n'est-ce pas ?), tirez parti des intégrations internes de Basecamp le plus important pour votre équipe. En minimisant la quantité de "commutation de contexte", vous devez faire un jour donné (c'est-à-dire, détourner votre attention de la tâche à accomplir pour jouer avec quelque chose sans rapport), vous pouvez être plus productif. et gardez votre focus. Des intégrations telles que Dropbox, Slack et Gmail vous permettront de conserver plus facilement toutes vos conversations et tous vos fichiers au même endroit. vous restez sur la tâche et peut-être même finissez-vous un peu plus tôt.

Vous voulez un exemple de la façon dont une vraie entreprise utilise Unit pour intégrer Basecam avec d'autres outils de gestion de projet ? Découvrez comment Netalico le fait.

Simple, mais pas simple d'esprit. Base peut garder votre gestion de projet beezy et carrément sociable en exigeant que les coéquipiers communiquent et participent aux projets clés ou n traque. En vous penchant sur cette structure décontractée mais ciblée, vous êtes sur la bonne voie pour devenir un véritable maître de la voie de base.

Un horaire flexible, l'absence de trajet et l'indépendance de l'emplacement sont ce qui rend le travail à distance attrayant. Mais, les équipes distantes, en particulier celles qui sont obligées de travailler à distance, ont du mal avec la productivité et la collaboration.

Dans une enquête réalisée par Buffer et AngelList , la collaboration et la communication en équipe étaient le plus grand défi pour les équipes distantes.

Examinons les cinq raisons qui rendent la collaboration à distance difficile.

Gestion de projet

Les difficultés de communication et de coordination compliquent la gestion de projet pour les équipes distantes. Sans clarté sur les jalons du projet, l'achèvement des tâches et la charge de travail, les équipes auront du mal à respecter les délais du projet.

Un arrêt de gestion de projet peut aider à rationaliser les activités de projet, à gérer les tâches et à livrer le projet à temps.

Travailler selon les fuseaux horaires

Chaque membre de l'équipe à distance travaille selon son fuseau horaire . Bien que cela soit libérateur pour l'individu, tout le monde n'est pas disponible selon un horaire unique. Pour résoudre ce problème, de nombreuses équipes préfèrent embaucher des personnes issues d'une zone géographique ou d'un fuseau horaire spécifiques .

Une alternative plausible à cela est de s'assurer que les membres de l'équipe ont une visibilité sur l'horaire de toute l'équipe. De cette façon, ils peuvent travailler de manière à rationaliser la coordination de l'équipe sans compromettre leur horaire de travail personnel.

Communiquer asynchrone

Les équipes qui ont été obligées de s'éloigner ont du mal à collaborer car elles travaillent à partir de différents endroits. Par exemple, un concepteur peut devoir attendre les instructions du rédacteur en chef pour finaliser les changements. Ce processus est inefficace.

Au lieu de se fier exclusivement aux e-mails, les équipes doivent mettre en œuvre une suite de collaboration qui inclut la gestion de projet, logiciel de communication et de stockage de fichiers. Assurez-vous également que l'arps existant s'intègre au logiciel de collaboration.

Traduire la productivité

Les gestionnaires de projet doivent suivre l'achèvement des tâches pour s'assurer que le projet reste dans les délais. Les membres de l'équipe sont préoccupés par la productivité individuelle. L'absence d'un outil de gestion de projet robuste rend difficile la mesure de ces mesures.

Le logiciel de gestion de projet vous permet de personnaliser les flux de travail, de visualiser les délais des tâches et la charge de travail. Les flux de travail personnalisés mettent en lumière l'état des tâches et les délais vous aident à suivre la productivité.

Gestion de la charge de travail

L'état du travail à distance 2020 par Buffer et AngelList a également noté que les membres de l'équipe à distance sont aux prises avec la solitude, les distractions et le débranchement du travail. L'équilibre faussé entre la vie professionnelle et la vie privée nuit à la productivité à court terme et peut entraîner un épuisement professionnel à long terme.

Planifier des congés et prendre des vacances est efficace pour éviter l'épuisement professionnel. Mais plus important encore, établir une routine quotidienne stricte permettra aux individus de rester productifs pendant les heures de travail. Incorporer le rituel d'arrêt du travail de Cal Newrort peut les aider à se débrancher du travail à temps, en évitant l'épuisement professionnel.

CONCLUSION

Basecamp offre une vue d'ensemble complète des opérations en cours de l'entreprise et permet à chaque équipe de gérer facilement ses activités. des objets dans une interface unifiée. Lorsque vous utilisez Basecamp, vous pouvez également vous assurer que vous restez dans le rez-de-chaussée. Vous recevrez des notifications lorsque quelqu'un commentera vos tâches par défaut, et vous les verrez également dans le message "Hey !" languette. Avec le logiciel Basecamp, vous collaborez tout au long de votre entreprise. Vous pouvez définir vos tableaux pour différentes équipes et projets tout en obtenant un aperçu complet de l'évolution de l'entreprise. Lorsque vous utilisez Basecamp, vous constaterez que vous verrez toutes les dernières activités en cours dans l'arrondissement. Bien que ce soit souvent génial, cela peut devenir un peu frustrant et accablant. Heureusement, vous pouvez résoudre ce problème en accédant à l'activité et en désactivant l'envoi d'un bouton de résumé quotidien.